그대 그리운 저녁

그대 그리운 저녁

김 진 숙 시집

도서출판 해 암

| 시인의 말 |

自序

잡힐 듯 잡히지 않던
그 길 위에서
슬픔이 가지런히 앉아 있다가
이제는
가야 할 길이 확실해졌다
힘들고 고독할지라도
그냥 가자
멀리 갈 길이 아직은 남아 있기에
때론 슬프고도 아름다운
그 길을 위하여
오늘은 환하게 내 달릴 수 있겠다

朝岸 김 진 숙
2013년 겨울에

| 차 례 |

1부 내가 사는 일

2부 사계의 노래

3부 그대의 강

4부 나의 사랑 나의 일부

1
내가 사는 일

그대 그리운 저녁

부드러운 밤의 숨결 속에서
따스히 다가오는 저녁은
누군가 오솔길 걷는 소리
심장에 부딪히는 가엾은 울림
그립다 말을 할까
얄미운 마음
사랑은 가고 앙상한 가슴에
뼈만 남아
그대가 그리운 저녁은
시간의 혀끝에서
뭉긋이 피어나는 눈물이라는 것
영원은 영원으로 이어지고
아스라이 멀어지는 밤의 속삭임은
내 눈을 감겨주고
그대 강을 건너가는 긴 발자국 소리.

외로운 우리들

창 너머 뒷산 숲 속
큰 미루나무 꼭대기에
까치 한 마리 날 같이 울어라
우리는, 외로운 우리는
어긋난 길 위에서
단 한 번의 파닥이는 음률로
너는 내게로 나는 네게로
닫힌 눈꺼풀 들어 올려
저 먹먹한 산천이
저물도록 울어라
어르고 달래봄 없이도
닮은 가슴
우리는, 외로운 우리는.

푸른 저녁이 되면

푸른 저녁이면 오솔길 가리라
발밑에 구르는 돌멩이에 채이며
젖은 잎사귀 밟으며
몽상가 되어 밤의 신선함 속으로

어차피 어떤 바람이 와서
내 마음 쓸고 가리니

저녁 강도 남모르게 흘러가네
기이한 골짜기 속으로
전나무 숲의 거대한 움직임에
선한 천사들의 목소리가 들리리니

그래도 한없는 사랑
내 영혼에 솟아나리니

푸른 저녁이 되면
쓸쓸히 달빛 끌어안고 가리라
아주 멀리 보헤미안처럼.

이방인의 뜰

흰 치자 한 잎 생탁에 띄워
바람처럼 강물처럼 흘러
너와 나의 역사가 이뤄지던 곳
한 천 년 살이 사막을 접어
어느 낯선 이방의 주변인 되어
떠밀려온 자리
바람도 낯설고 뼈도 시리다
사랑을 잃고 헤매는 바람의 영혼처럼
집시도 못 되는 떠돌이 외별

저 무정한 산맥 너머로
그리움 그렁그렁한 바다 하나가
우렁우렁 다가와
내 가슴 끌고 가네
깊은 병 들기 전에 따스했던 그 땅
내 어미가 잠들어 꿈이 슬펐던 곳으로

석삼년이 지나도
울렁거리는 별빛 하나
아득한 그리움 되어
이방의 뜰에서 구만리를 헤매이네.

후박나무 아래서 저녁은

무수한 발자국들이
터널 안으로 빨려든다
어둠의 너울이
경계의 눈빛을 힐끔거리며
하늘을 마시고 있다
눈물 한 방울이면
우주의 자비가 밑바닥까지 출렁거릴 텐데
늘 외롭다는 몸짓은
아직 삶이 짱짱해서일까
후박나무 저녁은
배고픈 밥꽃처럼 서서히 흘러내린다

바람은 잔잔히 불어가고
거리에는 길의 영혼들이
옷자락을 붙들고 손을 내민다
저 높은 가지로 밀어 올리는 힘겨움들
절뚝거리며 저녁별 하나
무심한 풀섶으로 떨어지고
저녁에는
나무가 사람이 그리고 길들이
한 몸으로 다시 살아간다.

너의 집짓기

아담하고 소박하고 다정스런 집 한 칸
얻기 위하여
십 년을 남의 집 처마 밑
대롱박에 담장에 능소화 입심에
기죽어 걸인처럼 살았다네
대문 밖 맨발로 서 있을 너를 위하여
집 한 칸 짓기를
대자연에 하소해서 날마다 순간마다
고독과 외로움에 싸웠다네
십 년 동안 남의 곁방살이를
네가 알 리 없어
너의 진실과 순수는 늘 돌아앉아
얼음처럼 차갑고 냉혹하여
너의 이름을 부르다 지쳐
멍청이가 되었다네
남의 집 뜨락에 호기심으로
심어둔 고추 모종에 호박넝쿨에
힘없이 호밋자루 들려지기를 십 년
너를 기다리고 집을 짓는 일이
왜 이리 힘겹고 고독한 일인지.

짜퉁 블루
– Cafeteria에서

어느 순간 시선이 멈추어 마주한 그 자리
네 번째 줄 가운데 아랫부분
하얗게 조각된 네 몸은
둥글기도 하고 수십 개의 각진 모양이기도 한 넌
잔뜩 폼 잡고 오만하게 앉았는가
꽉 다문 입술 사이로 터질 것 같은 언어들을
거칠게 참고 사는 넌
거짓처럼 웃고 있지만 참된 아픔인 것을
허나 반짝이지 못해 움츠려 늘 그랬듯이
움직이지도 달아나지도 못하는 너
누구를 위한 서툰 몸부림이었나
저 먼 땅에서 버리고 온 못다 이룬
꿈이라도 생각하는가
만지고 닦고 후후 불어줘도
넌 도대체 누구인가
세상에선 반짝이지도 못한 채
내게로 와서 연인으로 살아야 하는
짜퉁, 짜퉁 블루.

어떤 동거

내 가족은 전등불빛 아래
고독 한 사발과
쓸쓸이 옷 한 벌과
어제 숙모 댁에서 걸쳐온 나물 한 가지
국 사발 대신 옛 기억이 돼 버린
고향 언덕에 숨겨둔
찔레나무 철부지 사랑 한 토막
그리고
외로움이 벗어 놓은
시詩 한 수 뿐.

늦잠

닫혀 진 커튼 밑
옛 생각처럼 드리워진
노란 햇살 조각
조금만 더 하다가
거기 머물러 사유思惟의
껍질을 벗겨 내듯
아른아른 사라지는 노란 조각살
골목길 부비다
누구의 가슴엔 듯 돌멩이 하나쯤
얹어놓고 모른 척 달아난 넌
한낮에 한 웅큼 설움처럼
그림자도 없이 왔다간
네 몸은
나의 연인처럼 꿈이 푸르구나.

비 오는 날

나무가 바람을 만나면
바람이 비를 만나면
산은 누군가 그리워서 우우 거리고
하늘은 내 안에 님처럼 운다

거기 서서 우는 나무는
내 님의 속옷처럼 젖어 있고
돌아서서 외면하는 바람은
내 가슴 쓸고 가는
싸리비로 서서 운다.

눈물이 친구가 되는 날

마른 빵을 조금 뜯다가
눈물을 마신다
눈물이 친구가 되는 날
안개비만 주룩주룩 땅을 파고든다
거대한 슬픔이 온 우주를 질주하듯
친구가 없는 날은
하늘과 비와 조금의 바람이 일렁일 뿐
나의 사랑은 언제나 그러하듯
하늘에 다다를 것이고
눈물이 나와 함께 길을 갈 때
친구는 저 문밖 떠돌이별처럼
잠잠하여라.

가난한 가슴에

구획 없는 서랍 속에서
그대가 슬픔이 될 때
바람의 꽃들이 빈혈처럼 흔들거린다
떨어지는 게 슬퍼서
바람을 그려 넣지 못한
갈 곳 없는 미소가
찻잔에서 살아 있는 구름으로 오르면
주름진 세월의 껍질만이
허공으로 돌다 떨어진다
가슴에 그어진 상처를
설움에 절여서
터질 것 같은 막막함으로
사랑은 검은 물이 들고
얹혀 있는 세월 무위無爲로 돌려놓은 채
가난한 가슴에 한 마리 새
다시 한 번 키워 내고 싶다.

짧게 끝난 주연

TV에서 마지막으로 본 그를
꿈속으로 다시 출현 시킨다
주연을 맡은 나는 당당하다
빠른 속도로 필름은 돌아가고
흑백 영상은 계속 알 수 없는
사건으로 복잡해진다
어둠이 간절해졌다가
간절함이 조각났다가
늑골을 적시면서
화해할 수 없는 허수아비 같은 수화는
프시캐의 춤으로
날으다가 떨어진다

까풀막진 비탈에서
갈증을 훌훌히 풀어내듯
보랏빛 커튼이 올려지고
몹시 흔들리던 불면의 밤은
서서히 아침을 일으켜 세운다.

세월이 가네

창을 열면
세월이 간다
저 하늘에
저 산에
회색빛 아파트 사이로

창을 열면
속살을 파고드는
세월의 무게가
가슴 가득히
내려앉는다

가고 오고 이 순간이
영원인 것을

창을 열면
거기에 세월이 가고 있다
마지막 하루를 남겨 놓은
잎새처럼.

눈물 파티

해 낮에 알 수 없는 울음이
내 손잡아 안개속으로 가자 할 제
서슴치 말고 함께 할 일
가슴에 매달은 몽돌 하나쯤
문제없지 않은가
가다 보면 어떤 바람이 황홀히 다가와
눈 맞추고 갈지
많이도 울고 싶은 이런 날
차라리 깨끗이 혼자이어라
고요히 지나노라면
평화의 잔물결이 초원의 빛처럼
출렁일 테니
가다 보면 눈이 짓물려 누구든
만나기 싫은 날도
때론 웃음보가 늘어져 솜털 같은 기쁨이
내 곳간 가득할지도
그래도 울고 싶은 날은
하얀 백지에라도 울자꾸나.

달콤한 눈물

하늘이 있어
저 하늘이 있어
달콤한 눈물

아득한 곳이 있어서
그립기만 한 기억들

꽃잎은 떨리어 웃고
새 소리는
그리움 되어 설레이고

은밀히 흐르는
내면의 기쁨은

눈물이 되어
저 하늘에 오른다.

달빛 속 푸른 방

길목에 방을 두니
오가는 이들의 살아 있는
발자국들이 잠을 깨우고
잠을 재우네

한잠을 자고 나도
어둠은 남아 있고
두 잠을 자고 나도
아침은 올 것 같지 않더니

모르는 사이
시간의 발자국은 푸른 달빛 사이로
도둑같이
들락거렸네.

거꾸로 살아 보기

내 아이는
꿈을 꾸고 또 꾸지만
나는 나를 지우고 지워
거꾸로 가는 길목에서
건널 수 없는 다리를 놓고
시간의 태엽을
감고 있다.

내가 사는 일

새는 밖에서 울지 않는다
내 안에서 울음 운다
아침 바다 새처럼
밖엔 소리 나지 않는 창백한
햇빛만 늘려 있고
내 가슴엔 날지 못하는
새의 날개 죽지만 파닥이고
사람들은 눈을 뜨고 살지만
나는 눈을 감고 산다
길은 어디든 있을 텐데
아무 길도 가지 못하는
내가 사는 일
해 낮에 쓸쓸히 팔려가는
나의 시간들
그 속엔
한 계절이 흰 옷자락에 묻혀
펄럭거리고 있다
아무렇게나.

푸른 식탁

푸른 식탁에 앉아서
하얀 밥그릇을 들여다봅니다
점점 바닥이 보이는
그릇이 됩니다
시간이
걷다가 뛰다가 남아 있는
밥상을 뒤돌아 봅니다
배는 부르고
맛은 없습니다
누군가 흐느낍니다
살아서 살아 있어서
슬프고
아름답다고.

하늘 천장

하늘 지붕과 내 천장은 10센티미터다
달이 잡히고 별이 만져지는
내 천장과 하늘 지붕은
눈 감으면 더욱 가깝고
커튼을 걷으면
하늘과 나의 지붕은 5센티미터
가끔은 전화를 하지
하늘 속 이야기와 가슴속 이야기가
퓨전 판타지아로 출렁일 테니까
그래도 고독이거든
숨겨두었던 쓸쓸한 영혼에게
시 한 수 읊어서 날려 보내지
나의 하늘은
오늘은 3센티미터다.

바다에는

바다를 보면
하늘을 들여다보면
왠지 가슴안 구멍이
더욱 커진다

그립다 말도 못하고
보고 싶다는 말은 더욱
못하는

바다에는
하늘에는

숨겨진 아픈 방들이
하나씩 있다.

시선 밖으로

바람비가 실연의 터를 흔들고
들어온다
제시간을 위하여
걸어가기만 하는 발자국들
침묵하는 눈동자 안으로
걸쭉한 그리움 줄기가
성근 빗소리로 흐느적거린다
젖은 거리 비틀거리는 땅

문을 밀면 비의 향기가
조근대며 들이민다
아, 오늘처럼 비를 맞는 거리는
소리가 들린다
사그락 거리는 미소가
젖은 땅속으로 안겨든다.

속 없는 눈물

날은 밝고 맑고 따스히 빛나는
꽃은 피어서 지천에 낙낙하고
눈물빛으로 얼굴을 씻어
어디선가 올듯 말듯
가녀린 소리들은
바람인가 님인가 첫사랑의 순수인가
눈물이 갸우뚱 기울어질 때
가끔씩 핑그르 소리내는 소식이 올까
뒤척이는 문자들
은총이여!
꽃바람 치는 창밖도 외면하는
벽과 벽 사이 기죽은 숨소리
속살이야기가 아니라고 좋을
작일作日 밤 쓰다만 결별의 아픔이라도 좋을
사치스런 병인 양
이날에 목놓치 않아도 울음보 터지는
속 없는 눈물이 온다는 것을.

한낮의 풍경

담장 안에 간혀
뿌리 내린 찔레나무
배추흰나비 유혹의 단꿀 내려
바람의 장난기에
순정한 연둣빛 부끄러움은
줏대도 없이 누웠다 앉았다
달작한 바람에
멋모르고 댕기 풀어
아픔으로 떨던 몸 성숙한 얼굴로
하얀빛 푸른 바람에
속살 녹이는
어린 찔레의 풋사랑.

비로 서서

어두워 오는 하늘 모퉁이를 이고
추적이며
번뇌로 다가오는 저녁비
어둠 그칠세라
밤을 도와 한사코 젖어내려
내 고독의 정거장엔 등경이 밝혀지고
젖은 발목 끌며 돌아올
외로운 이를 위하여
내가 비로 서서 저녁이 된다

창밖 나그네로
외로이 떨고 있는 너의 몸짓은
준비 못한 가슴으로 홍수 되어 무너지고
아직은 자꾸만 눈물이 나는 세월을
온몸으로 젖어
소리 내지 못하는 비새처럼
내가 비가 되고 저녁이 된다.

부드러운 기억

가로수 잎잎들 깔깔대는
거리로 나가
달려오는 버스에
몸을 얹고
어디론가 가야만 한다면
세월처럼
피곤이
잠처럼 감겨올지라도
가슴에서 부는 바람을 쫓아
낯선 거리
춤추는 잎잎들 사이로
자유를 찾아 떠난다

햇살과
유년幼年과
부드러운 기억 속으로.

빗방울의 노래

푸른 빗방울이 튀기 시작한다
용서와 화해가
물빛 카펫 위에서 탱고를 춘다
맥박이 멈추듯 턱을 괴고 헐떡이든
폭염은 기가 꺽이어
지하 천 미터 낭떠러지로 살갗을 피신시킨다
흠씬 벗어서 다 주고도 더 주고 싶은
긴 강물 같은 자유가
방울방울 이어지고 투명한 네 모습은
한 치 오차도 없이 가슴 안으로 스며든다
"아… 시원타"
푸른 열매가 박수 세례를 받고
숨골마다 붉은 깃발 내 단다
온 우주가 낙원이 되고
빗방울의 노래는 풀뿌리 쪽문과
굽은 돌담 사이로 초록 비옷 그저 입고
재채기 한번에
넉넉한 꿈을 풀어 놓는다
이 자유의 땅 위에서
달콤한 비의 노래여
푸른 빗방울의 노래여.

잃어버린 길

항상 가던 길
항상 남아 있는 길
어둑한 골목길
오래된 도시의 거리와 골목들
길을 잃고 길을 묻는다

옛길일까 아닐까
알 것도 같고 모를 것도 같은 길들이
협곡처럼 숨 가쁘고
옛 님을 찾듯 힘겨운
불현듯 가능한 한 멀리 벗어나고픈
그 길들은
살아오면서 내가 끌고 온 길들
언제쯤 잃어버린
그 길을 찾아
익숙하게 내 달릴 수 있을까.

내 그릇에 어둠이

산 어둠 늑대 바람
숨 가쁜 경사
등줄기 소름 맺히는 먹빛 어둠
은하수 길을 열듯
목련이 떨구어 낸 하얀 길을

매운바람이 고양이 울음 속에서
쭈빗 거리고 긴 머리 풀어헤친
검은 가지 사이로
무릎뼈 드러낸 시린 바위도
안으로 짓눌린 상처 감추며
늑대 바람 속에서 숨을 몰아쉰다
해 그림자 넘나드는 전설 속의 너울이
소리 내지 못하는
휘어진 등줄을 마구 두드려 대고
물기 없는 목젖으로
마른기침 해대며
독백처럼
어둠을 기워간다.

2

사계의 노래

가을 밤

지친 낮은 가고
풀벌레 가을로 뛰어들어
나도 덩달아 어느 칼날에 베이듯
문 밀고 들어온 방
밤새 뒤척이며 불면의 밤을 만들다
지쳐버린 그 자리
허물을 벗지 못한 채 누워 있는
아픈 흔적들
머리와 가슴 길
그 처연한 몸부림은
초사흘 달빛이 훑고 떠난 빈방의
역사가 숨 그늘 못다 푼 한자락 뒤안길에서
미망迷望의 옷가슴 거꾸로 누이고
여린 가을을 끌어안고
동그랗게 누워 있다.

가을 연가

장난 같은 바람이 떠다니는 길목
트렌치코트 반쯤 걸치고
덕수궁 돌담길 긴 갤러리를 따라
가을 속으로 간다
아무렇지도 않을 사람이
괜스리 그리울 때도
하늘이 높고 길들이 꾸불한
오래된 사진첩을 보듯
가을 속으로 간다
망초 꽃 하얗게 서 있는 길섶에
고슬한 바람이
어깨를 움츠리며
가을 속으로 가고 있다.

가을과 찻잔 사이

한가히 흐르는 시간의 무늬
바람이 날고 낙엽이 날고
분분한 헛된 마음도 날아가고

구멍 난 자리에 슬픔처럼
식은 찻잔에서 흐느적이는
언어 하나 줏어서
눈시울에 집 하나 짓기 시작했다

절반쯤 무너져 주체 못 할
외로운 그림자
찻물 속에서 동동 떠돌고

한 장 한 장 시간을 넘기면서
가을날 비오롱의 선율에
어느 사이 가슴은 물이 들고

가을과 찻잔 사이에서
말 없는 하루가 아름드리
녹아내리고 있다.

길 위에서

흔들리는 차 창가 웅성거리는 들녘엔
몸 바꾸는 계절로 철철 넘치고
낮달이 떠서 벙긋거려도
마음이 소소함은 아직 눈이 부시게
남아있는 계절의 뒤척임

저문강엔 생각하는 물비늘만
쓸쓸히 떠 있고
서녘에 물드는 우울한 해는
블랙홀로 자학처럼 빨려든다

숫된 여심
기다리는 건 쓸쓸한 문고리 뿐 일지라도
애 저녁
행복한 새는 날개 깃을 날리우며
산등성이로 날아간다.

묵상의 가을

쓸쓸한 가을날 오후
400년 된 느티나무 아래서
하늘로 가는 은빛 방울 소리를 듣는다
오래된 누각 삐걱거리는 문짝들
나의 누대의 할머니
뒤란 뒤적이는 소리
육신을 접은 새 한 마리
쓸쓸한 마음을 몰고
가을 속으로 사라진다
해는 지고
누워 뒤척이던 낙엽이
바람이 불어와
다시 일어선다
어디로 가는 것인가
미미한 눈동자 굴리다
사라질 이 날을 위하여
하늘로 가는 방울 소리는
계속 들릴 것이다.

팔월의 休日

15층 창밖에는
아이들이 바다를 불러다 놓고
파도가 된다
땅은 몸을 내어 주고
아이들은 파도를 타고
고래잡이를 한다

눈을 지그시 감으면
파도가 된 아이들이 창가에
매미처럼 붙어서
와글와글 자갈자갈 파도를 낳는다
난산이다

바람도 맞장구 치며 휘몰이를 해 댄다
층층마다 바다가 와서 하루살이를 더불어 하고
해 걸이는 빙빙 돌다 저녁을 마련한다
이른 저녁이 펄펄 끓어도
내 식탁엔 김이 나지 않는
허기진 하루가 휘청거리다 쏟아내는
바닷소리 파도소리

그물에 걸리어 버린
팔월의 휴일.

오월의 시詩

푸른 공을 굴리면서
눈물이 피는 오월
젊은 느티나무 아래서 편지를 쓴다
한 잎 새마다 한 음절씩
바람이 불어 가고
언덕이 오르고
갇혔던 유년의 운동장이 기웃거리며
편집된 소식들을 찍어 내고 있다
연둣빛 손끝에서
마음을 뒤져 놓는 오월
소리 내지 않고 조용히 다니는
푸른 언어들
그 한가운데 매달려 있는 오월의 눈동자
눈이 부셔 눈물이 나는
바람 속의 오월.

사월과 오월 사이

약속을 지킨다고 사월은 미리 떠났고
지켜지지 않을 꺼라 하면서
오월이 왔어
이 푸르름에 속을 털어서 빈 하늘 되지 말고
가거든 오지 말고 오거든 가지 말거라
꽃은 떨어져 땅에 묻히고
님은 떨어져 가슴 안에 영원하리니
이 기묘한 날 야릇한 미풍에
하얀 치맛자락 휘날리며
황홀히 저 땅 위에 누우리니
누구의 손에서 이날들을 새롭게 할 것인가
님아, 오월아, 푸르고 푸른 하루여
사월이 지듯 꽃잎 지고
청춘이 가듯 우리도 저물어
이 하룻날은 반갑고도 서러워라.

3月의 하루

겨우내 닫혔던 육각의 향이
연둣빛 쪽문으로 마중물을 하고
쓸쓸한 은둔자의 가슴속까지
칭얼대는 3月
누구의 손인가
내 심장 가운데쯤을
쓱쓱 문질러
초록으로 자홍으로
설레임은 이미 길모퉁이 돌아나가고
꽃무늬 찻잔 속 잘근잘근 씹히는
유영하는 은빛 물방울들
갈 곳도 없이 헤매는
끼룩끼룩 그립기만 한 하루.

한여름밤

쓸데없이 저녁이 옵니다
낮은 골목 어귀에도 그림자 집니다
지친 전신주 허리로
모처럼 바람길이 트입니다
잎사귀에도 저녁이 내립니다
이제는 가슴과 가슴으로 가는 길
열어 줄줄도 압니다
노둣돌이 없어도
돋음발 아니해도
늦은 저녁을 기다릴 줄 압니다
한낮을 찜통으로 달구어 태양의 등 뒤로
숨겨져 있던 가슴앓이도 살폿 내려놓습니다
어둠을 타고 달려올 벌레들의 외치는 소리가
섬뜩해지는 한여름밤입니다.

바다로 간 바람은

– 카페 간절곶에서

등짐 내려서 바다에 던져 놓고
천지 사방 번득이는
눈이 부신 가을 자락
담장도 없는 카페에서
종이 집 카푸치노 속살로
익명의 하루가 익어 가고
예서제서 들려오는 바위소리
풀꽃 소리 전설의 소리
눈물 속에서 피어나는 금빛들의 출렁임
벼랑으로 달려간 바람은 무릎 꺾고
오열하는 바다에
이마 박고 파도 되었나
가다가 고개 숙이고
가다가 가슴 내어주고
가다가 발목 잡혔나
눈이 부신 미소만
꽃이 된 바위 잔에 가득하다.

동전과 감꽃

옷가지 들추다 떨어지는 동전 몇 닢
감 꽃 줍듯 줍는다
한 닢씩 손바닥으로 감아올려
추억 속에서 웃어보나
푸른 감 꽃 나를 비웃듯 돌아 나가고
동전 한 닢 손바닥에서
차갑게 떨고 있어

후드득 떨어지는 동전 몇 닢
감꽃 줍듯 줍는다
둥글고 하얀 생각
사람의 자리처럼 차갑고 흐뭇해
푸른 물속 헤엄치듯
손가락 사잇길 다정함으로
오래 견딘 눈물처럼
피리 불던 노란 땅, 그곳에서
저려오는 몸짓들.

눈 오는 날

아직 첫눈 소식이 오지 않아
메시지는 입술을 닫은 채
소리 내지 않는다
첫눈의 촉을 가져다
따뜻이 품어서
낯 모를 그대들을 위하여
하얀 몸 깨끗한 영혼으로
꿈처럼 지나버릴
생生의 하루를 위하여

하얀 저지방 우유를
유리컵에 따르면서
눈동자도 보내고 가슴도 내어주면서
입술로 그 하얀 액체를
링거처럼 목젖으로 흘러 넣는다.
저 창밖에 소리 없이
내리는 하얀 몸들을 위하여.

한겨울
–삼경에

허무가 밀려와
파도처럼 누웠다 사라진다

밤은 떨리어
흔적도 없이 사라지니
인생의 시간이
허무의 끝에서
자취도 없이 지워져

내일은 비틀거리는 무상의 경계에서
한낱 미망迷妄인 것을

허기의 마지막 끈을 붙잡아
저 강 반대편 어느 구석진 곳에서

내일의 하얀 이상에
가닥가닥 여물리어 갈
시간 속의 이방인이여.

겨울 단상

겨울의 무거운 우울이
창밖을 맴돌고 있는 오후
내 마음의 그림은
미명의 숲 그림자처럼
빛줄기 찾아 힘겹다

짧은 겨울해
창틀에 걸터앉아
적막을 불러
마지막 안간힘을 쓰고 있다

외로움은 땅거미 지듯 밀려들고
거리를 떠돌던 삽상한 바람은
돌아보며 끄덕이며 지나간다
한 줌 남은 햇살 밖으로.

계절의 환승煥乘

이제 떠나려나
언제 또 올지도 몰라
서성거리지도 머뭇거리지도 말라
바람이 귀띔해 주는 말
서둘러 가지 말라고
외롭지도 말라고
낡고 오래된 기억 속
나의 노래도 늙어 가고
푸른 물 그득 물고 미소 짓던 잎들도
그렇게 또 흙이 되려나
저만치 두고 갈 계절은
저녁 머리 한참을 경련만 일으키다
풀덤불 속 애잔함으로 여물고

다시 부는 바람 사이로
짧은 가을의 엽서는
시작된다.

3

그대의 강

그대의 江

풀섶에 쭈그린 채
살아서 무덤이던 그 쓸쓸함으로
간밤 그대 아픈 얼굴 그리다 그리다
얼룩져 안개 될 때
눈 떠 눈물이고 말 존재의 쓸쓸함
등 돌려 앉은
우주의 검은 커튼 사이로
저녁 해 서둘러 숨기고
잃어버린 한 마디 말은
이 무량無量한 세월 지나
이별 없는 그대의 강 건널 때
내 안의 푸른 사랑
강 같은 평화로 출렁이리라.

새처럼 날아

추운 겨울날
해 저물기 전
그대 강가에 쪽배 하나 띄워서
별빛 창창하면
그림자 지는 육신을 털어서
새처럼 날아
아득한 그대 품에 물들고 싶다.

잃어버린 영혼

잃어버린 영혼으로
가슴이 무너질 때
깨어나지 못할
잠을 부른다
그리워서 눈물 한 바가지면
하루가 통째로
뱃머리처럼 흔들거리고
눈물도 어지러워
방향을 잃은 섬을 이룬다.

하늘과 바다와 산이

그는 바다를 사랑하다
산으로 눕고
나는 산을 그리워하다
하늘로 눕는다

그리운 이여
하늘은 바다를 부르고
바다는 하늘을 부르다
멍이 들도록 세월을 살다가

하늘과 바다와 산이 만나는 날
사랑이여
우리 그곳에서
이별 없는 그곳에서
영원에서 영원으로
백년가약 다시 살아.

내 안에 너

내 안에 사는 너는
지치지도 않는 가봐
끄집어낼 때마다
미소 짓는 너는 그리움의 원형인가
무심의 바람인가
영원하리라 믿진 않지만
무심의 문이 된 너는
꿈길에선 문득
이슬이 맺힌다는 것을.

바닷가에서

갈매기는 제 말만 하고
하늘 속으로 떠나고
파도도 제 말만 하고
바다 속으로 숨는데
나도 내 말만 하고 떠날 일이거늘
먼 기억의 그림자로 서성거리다
빨래줄 같은 수평선에
맥없이 걸쳐져
그대 떠난 빈자리
어둠 잡고 붙박인 설움을
그래도 어쩌랴
막막한 내 사랑아.

사월이 오면

마른 머리 털고 돌아서서 안길
방안 가득한 그대 향기
내 안의 한숨으로 얹어놓고
백지로 접어둔 상념 속에
또다시 통곡이 묻어
그리움에 등이 휜다

어설픈 미소로 허기진 세월을 끌어안고
남겨진 그대 목소리 아리아로 소멸 될 때
고개 숙여 떨구어 내는
낡아버린 그리움 같은 것
숨 쉬는 날 헤아려 진홍새 가슴 떨던
핏빛 울음도 하늘 향한 소망으로 다시 피울까

인생은 그런 거라고 말도 못한 채
젖은 헛기침에 목이 메어
회개하는 날 아침처럼
사월이 오면
운명처럼 내가 울까.

님의 전령사

시린 하늘에 나를 닮은 반쪽 달이
설운 몸담고
불 꺼진 내 창에 님의 전령사로
머물러 서성일 때
내 안의 설운 강줄기 떠들고 일어나
너와 마주하는 저린 가슴
모두가 돌아누운 어둠 안에
나를 닮은 저 달 하나
눈 뜬 세상 가득히 채우고
빈방 한켠에 바람으로 서 있는
네 영혼의 모습으로.

어둠의 자리

모로 누운 잠 속으로
헛기침해대며 서성이는
마알갛게 벗어지는 신 새벽
젖은 가슴 여미며
실눈 뜨는 쓸쓸한 순간
점점이 훤한 창 곁으로
지키고 섰던 눈물에
애닯아서 버린 어둠의 자리
낯설지 않은 아침 잔을
부질없이 부딪쳐 본다.

그대 왜 왔다 가는가

후미진 가슴속
비도 구름도 들락이지 않던 곳
간밤 빗길로 숨차도록 바삐 왔다간 흔적
갸웃한 아련함이 목메도록 달고나

숨겨진 쪽 창 밖 먼짓길
그대 가만 봄비로 다가와
슬몃 꿈자리 흔들어
오랫동안 잠잠했던 무심이
풀잎처럼 떠들고 일어나

질기도록 채워지지 않는
그대 물줄기 거슬러
새벽으로 새벽으로
고운 가슴 만져나 볼거나.

지독한 그리움

제 곳간에 비장하게 숨겨둔
자족의 몸 휘저어
천국보다 먼 길 지척에 두고
꿈을 꾸는 팔랑개비처럼
가슴 강 거슬러
손을 잡고 따라나선 바람의 길

비밀의 방 창窓을 열면
가시에 찔린 채 손을 내미는
부옇게 떠다니는 환영 이슥한 밤에
지독한 그리움을 위하여
한 사발 독약을 쏟아붓고
어둠을 걸러
빛이 요동치는 문턱으로
바삐 가야 하는
한사코 가야만 하는.

얼굴

하늘 속
떠나지 않는 구름 조각
찻잔 속으로 떨어져

목젖에 걸려버린 그리움 하나
살갗으로 파고드는
싸아한 향기
애간장 다 녹이는
바람을 닮은 한숨 소리

숲을 뚫고 달려가는
그리움의 조각들
커다란 얼굴 하나
그리고 말았네.

4
나의 사랑 나의 일부

푸른 감 홍시紅柿 되던 날

푸른 감 홍시 되던 날
홍시 물에 얼굴 씻고 입술 닫고
가셨네
천 번의 학을 접던 손가락 마디마디
하늘 바다에 집어넣고
한恨 많은 세상
원 없이 살라 하시며
홍시 물에 입술 닫고 얼굴 닫고
가셨네
올해도 푸른 감은 익어
붉은 물드는데
고개고개 넘다가 까치랑 매랑
노닐지 말고 가벼이,
숨결보다 가벼이 와서
한 열흘만 잡숫고 가소(엄마야)
산에도 들에도
땡감은 익어 홍시 되어 웃는데
눈물만 어룽어룽
가시 끝에 맺힌다.

창가의 작별

햇발 뜨거움
바람 속에서 작별을 한다
작은 몸짓과도 작별을 한다
지난 여름은
내 가슴에 멍석으로 깔려 있고
시간은 넘쳐서 뒤틀리면서 흘러간다
작별의 아픔도 사람의 일이라
바람 속에서 울고
떠나는 따스했던 시간들 잡을 수 있을까

작별은 짧아야 한다
뒷모습은 길지 말아야 한다
바람 속에서 너를 잃고
밥 알갱이에서 눈물을 태웠다

너의 긴 흔적은 꿈틀대면서 떠나지 않는데
허무의 빈자리만 날마다 살이 찐다
바람 속에 숨어 있는 내밀한 음모는
여름이 앓고 떠난 웃음이 바뀐 자리
그 자리마다 사람들은
허물도 벗지 못한 채 사라지고 있다.

세월의 발자국을 지우며

한 갖진 겨울바람 앞에
솔방울 굴러가듯 쓸쓸한 공간을
눈물의 굴렁쇠를 굴리면서 발자국을 지운다
남루한 바람이 비틀거리며
가슴에 심어둔 별을 훔칠 때
눈물은 냉각되고 유혹은 달기만 한데
족쇄로 여물린 세월의 껍질을
이제사 안으로 나를 만나러 떠난다
새내기 앞에서 벌거숭이로
크로키 되어 가는 모습으로.

당신을 사랑하는 일

내가 가장 행복한 일은
당신을 알고 시를 짓는 일

내가 가장 흐뭇한 일은
강가에 앉아
숲 속에 앉아
당신을 생각하는 일입니다

보이지도 잡히지도 않지만
눈을 뜨면 달아나고
눈 감으면 살아오시는 님이지만

당신을 사랑하는 일이
어느새 내 일상의 기쁨이
된 것입니다

당신을 알고
시를 알고
시를 지어서 불일지 않아도
재만 남는 일일지라도

당신을 알고 시를 알고
그것이 내 일생의 전부인 것입니다.

백일몽 중에

오후 4시를 지나
초침은 내 가슴속 슬픈 우물을 파 놓는다
아릿한 햇살 한줄기 한겨울 중심에서 내 집안에 잠시
행복한 일상의 한 단편을 보낸 후
나의 꿈은 내 눈이 세상을 향하는 순간 사라졌다
내 남자와 아들과 딸 그리고 우리는 가진 것 많지 않은
어느 성가정 닮은,
내 남자의 부드럽고 다정한 모습,
아들(장가든) 아이가 작은 자전거를 타고 대문 밖으로
나가고
딸(서른 살) 꼬마가 동네 어귀 문구점 앞 오락기계에
쪼그리고 앉아 인생의 시간을 꿰매고 있을 때
나는 남편에게 말을 걸고 아들에게 물으며
딸아이 찾으러 바깥 대문 쪽으로
마음이 조급히 나갈 때
조용한 평화의 집에서는 그렇게 가족이 행복하듯이
한낮 잠시 눈을 붙이는 중에
남편(천국), 아들(부산), 딸(영국), 나는 경기도 남양주
시골 같은 작은 도시에서 잠시 함께 지냈다
눈을 떠 바라본 창문은 한겨울 햇살이 약간 기울어져

구름 빛 흐릿한 오후가 졸음을 쫓으며 거기 머물러 있었고

나의 날들은 그렇게 늙어 가고 있었다.

사모곡

한나절을 울고 나니
반나절이 따라 우네
가시 손 울 엄마 고습도치 사랑으로
단 한번도 안아보지 못한 채 백 년이 울었다네
목메인 날
어릿광대보다 더 처절한 몸짓이여
청상의 세월 끝으로
까치목 지나 골짝 깊은 곳으로
저승길 문턱에 시린 발목 딛고 서서
지아비 청춘 다시 깨워 천만번
신접살림 차리시어 오매불망 그리던 그 가슴에
오색 아궁이 군불 지펴 따스히 안기소서
이 불효자식이 빌고 빌어 북풍한설 2박 3일을
돌바위에 새기어 둥둥 이 가슴 쳐 올려드리리다
한세상 아무리 통곡해도 어미 가슴 모를
자식 된 사람아
입안에 곰팡이 꽃을 단 한번도 피워내지 못했던
엄마야 , 울 엄마야, 사랑한다는 말
끊어 내지 못할 내가 죽을 한이여
이제는 떠나고 없는 내 배고픈 뜨락

등 굽은 내 어미의 정원
모진 정 하나 퍼런 칼날로 싹뚝 짤라내어 깊은 골짜기
찬바람 속으로 사라진 인연의 끝자락
무너지는 몸으로 모녀지곡 첨탑을 쌓아올려 비오니
가이없을 지아비 궁에서 영원무궁토록
평안하소서.

사촌 잔칫날

이촌과 사촌 사이
일촌은 생이처럼 아리고 저리고
이촌은 이승에서 만나지 못해
사촌은 여기다 하면 저기 있고
발아래 시냇물인가 하면
강 건너 바닷물이고
거기 있는가 하면 사라지는
안개 같은 사슬
사촌 잔칫날
얼굴은 낮같이 웃고
마음은 밤같이 두꺼운 껍데기
촌수 찾아 떠돌던 발걸음
외마디 비명처럼 해를 삼키고
어둑한 길 언저리, 외로운 물줄기 거슬러
아무리 당겨도 외면당한 촌수 줄서기
돌아오는 길
옆구리엔
달빛만 휘황하더라.

스물하나 꽃이 피는

투명한 이슬로
생의 비밀을 깨 부수울 양
젖은 얼굴 스물하나
꽃이고 싶고 별이고 싶고
요술공주이고 싶은 아이
날마다 변해보는 아이
아픔이 뭔지도 상처가 뭔지도
아직은 생의 요원한 비밀을 모르지만
무심한 하늘빛처럼
단 한번의 눈길 속에서도
나를 알리지도 못하고
너를 공주처럼 키워 냈는데
스물하나 꽃이 피는
생의 물빛 가지에서
채워지지 않는 욕망의 그림자가
검은 연기처럼 오열로 터질 때
떠나지 못했던 영혼의 젖은 바람이
내 가슴으로 번져 흐른다.

런던으로 가는 하늘길

먼 하늘 가운데
고개 높이 쳐올리어
시간이 멈출 것 같은 가운데를
천 개의 원형 같은 그리움 하나가
수많은 발을 달고 날아가는가

유월 초 닷샛날 맑고 깨끗한 하늘
중심에 내 아이 하나가
긴 꼬리를 남기면서 사라지는
아픔을 그리다가 막 터져 솟구치는
피톨기가 숨을 내쉬듯 아 아프다

어느 시인의 가슴으로
덧없이 떼어 내어 허공에 춤추듯
날아가고 사라지는
아 아 눈물의 날갯짓이여.

성체 앞에서

당신 앞에 서면
당신을 향한 내 노래가
더욱 커지면
내 몸은
을숙도 갈대 군무가 되어
당신 가슴 속으로
출렁출렁 걸어가
행복한 단물이 됩니다

당신 앞에 서면
당신께서 날 맞으시면
가슴속 어둠 사라지고
희망의 새 날아들어
당신의 바다로 첨벙첨벙 뛰어가
차고 넘치는
평화의 노래가 됩니다.

나의 하느님

인생의 하루가 시작되기 전
높고 귀하신 분으로
나와 함께 거닐고 계시는 분
바람이 불어와 내 얼굴이
먼지로 얼룩질 때
손수건이 되시어 닦고 닦아내시고
하늘의 별처럼 지상의 꽃처럼 환하게 하시니
당신은 진정 내 하느님이십니다
내가 울 때 눈물이 되시고
외로울 때 내 심장에 손을 대 보이시며
쓸쓸할 때 쓸쓸이로 오시어
가만히 내 어깨를 다독이시던 나의 하느님
고통과 싸울 때도 눈동자처럼 지켜주시고
이 몸이 무너져 내릴 때도
두 팔로 날 안고 계시던 하느님
때론 친구로 오시고 임으로 오시고
그렇게 살뜰이 오시어 그 품에 안겨 살게 하시니
이 몸이 무엇이기에 그토록 돌보시나이까
높고 귀하신 분 오! 나의 하느님
당신 이름 속엔 남몰래 숨겨둔
기쁨과 평화가 있습니다

잠시도 떠나 살 수 없는 당신은
영원토록 찬미 받으소서.

부활절에

물 차랑차랑하고
꽃단장 몽울한 산허리로
볼이 밝은 진달래 꽃 빛으로
당신이 오신 날

빈 무덤, 당신의 不在로
캄캄하고 답답했던 시간을 넘어
죽음의 옷 훌훌히 벗으시고
하얗고 눈부신 빛살로 오신 님
그 선연한 보혈로 우리 위해 죽으시어
생명으로 빛 부신 사랑으로 다시 오신 님

많은 눈물 뒤에 조금씩 조금씩 당신을
내어주며 이슬처럼 내리는 당신의 향기에
제 영혼이 순정해져
마리아 막달레나처럼 준비한 향유는 없지만
부활하신 당신 앞에 숙명처럼 돌아와
귀가 열리고 눈이 맑아져
생명의 등불 밝혀 듭니다
베드로 사도의 겸손한 고백처럼

부활하신 당신 흰 옷자락을 붙들고
당신을 사랑한다고 당신을 닮고 싶다고
고백합니다

빛나는 계절 부활절에
지상을 넘어선 우주의 끝에서
그윽하고 향그러운 님의 모습 담아
봄, 생명, 부활을 힘찬 노래로 찬미합니다.

| 발문 |

생의 도반, 감성의 샘

임 종 성
시인, 문학박사

시 안에 유입되는 추상어가 범람하면 구체적 체험이나 실감을 드러낼 수 없어 감동의 진폭을 제한하거나 좁게 할 수 있고, 시의 생기를 낮출 수 있는 것이다. 이러한 추상어가 머리를 빌려 전달시키고자 한다면, 구체어는 가슴을 통해 환기시키고자 한다.

감성적 진실을 내장한 시는 대상에 잠적하고 있는 정서를 자극하여 일깨우는 것이다. 이때 보이지 않는 대상은 보이는 대상이 되는 것이다.

내가 가장 흐뭇한 일은
강가에 앉아
숲 속에 앉아
당신을 생각하는 일입니다

(중략)

당신을 사랑하는 일이

어느새 내 일생의 기쁨이 된 것입니다.

– 「당신을 사랑하는 일」 부분

자아가 타자를 불러들여 자기 속에 넣고, 이 세상 어디서든 〈당신을 사랑하는 일이/ 어느새 내 일생의 기쁨〉이 된 것이다. 화자인 '나'는 밤낮없이 당신을 향해 가는 눈먼 거미이다. 당신을 찾는 나의 마음은 늘 바람 앞의 파도인 것이다.

당신에게로 가는 동안, 자주 별이 솟고, 초등학교 여선생님의 무릎까지 차 오른 수렁이 길을 막기도 하여 지우려 하기도 하지만, 그때마다 당신의 얼굴은 선명히 되살아나는 것이다.

당신 안에서 나는 깊고 맑은 빛의 샘이 되고, 신나는 춤이 되고 훨훨 높이 멀리 하늘의 별까지 가는 노래의 날개가 되기도 한다.

나에게 밀려드는 기쁨이나 슬픔, 아픔이 모두 보석의 씨앗이다. 또한 당신 안에서만 깊고 추운 밤에도 뜬눈으로 새벽을 맞는 것이다. 김진숙 시인의 음성은 맑고 정겹고 따스하다. 피어나는 꽃을 더 환하게 빛나게 하고, 나르는 새의 날개를 가벼이 들어 올리고 푸르게 한다.

여기서 당신이 누구냐고 묻는 것은 중요하지 않다. 이러한 사랑이 강조되는 것은 현실의 삶이 삭막한 데서 그 연유가 찾아진다.

김수영의 〈떨어지는 은행잎도 내가 밟고 가는 가시밭〉「어느 날 고궁을 나와서」에서 보이듯 한 걸음만 잘못 옮기면 아스라한 천 길 벼랑 아래 떨어지고 마는 세상은 평지에도 곳곳에 보이지 않는 벼랑이 발길을 노리고 있는 것이다.

그의 음성을 듣고 있으면 먼 길이 가까워지고 타는 갈증에도 깊이 샘솟는다. 그의 음성에는 생생한 힘이 깃들어 있다. 그리고 타자를 진정으로 맞는 모습은 아주 인상적이다. 자아의 타자화가 감지된 그의 내면에는 환한 꿈과 빛나는 희망이 함께 어우러져 있고 한 칸의 집이 들어앉아 있다.

그와 더불어 있으면 춥고 긴 밤에도 눈부신 새날의 아침을 맞을 수 있고, 시린 손을 만지고 있으면 아무리 기온이 내려가도 삶의 숨결을 얼게 할 수 없는 것이다.

그는 삶을 함부로 버리거나 구겨서는 안 되는 순백한 종이라는 것을 알고 있다. 맨살 곳곳에 상처를 내면서 숱한 말들을 받아주는 종이인 삶을 함부로 찢거나 버릴 수는 없는 것이다.

숱한 고비를 넘어 아픈 길을 다 품고 가야 하는 힘들고 아득한 노정에서 그에게 시는 감성의 깊고 맑은 샘이며, 생의 도반 임에 틀림없다. 이 처녀시집이 지나온 길에서 더 가야 할 먼 길을 찾아 비추는 투명한 등촉이 되기를 기대한다.

그대 그리운 저녁

인쇄일 | 2013년 12월 26일
발행일 | 2013년 12월 30일

지은이 | 김진숙
펴낸이 | 박철수
펴낸곳 | 도서출판 해암

등록번호 · 제325-2001-000007호
부산시 중구 동광동 3가 15-5 삼성빌딩 702호
TEL. 051)254-2260, 2261
FAX. 051)246-1895
E-mail. haeambook@hanmail.net

값 7,000원

ISBN : 978-89-6649-041-7 03810